AF456196

BARREAU DE PARIS

ÉLOGE

DE

CRÉMIEUX

DISCOURS

PRONONCÉ

Le 30 Novembre 1885

A l'ouverture de la Conférence des Avocats

PAR

ALPHONSE BONHOURE

AVOCAT A LA COUR D'APPEL

IMPRIMÉ AUX FRAIS DE L'ORDRE

PARIS

ALCAN LÉVY, IMPRIMEUR DE L'ORDRE DES AVOCATS

61, rue Lafayette, 61

1885

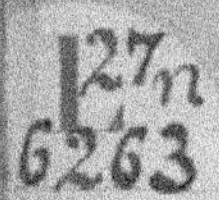

ÉLOGE

DE

CRÉMIEUX

BARREAU DE PARIS

ÉLOGE
DE
CRÉMIEUX

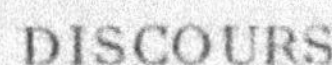

DISCOURS

PRONONCÉ

Le 30 Novembre 1885

A l'ouverture de la Conférence des Avocats

PAR

ALPHONSE BONHOURE

AVOCAT A LA COUR D'APPEL

IMPRIMÉ AUX FRAIS DE L'ORDRE

PARIS

ALCAN LÉVY, IMPRIMEUR DE L'ORDRE DES AVOCATS

61, rue Lafayette, 61

1885

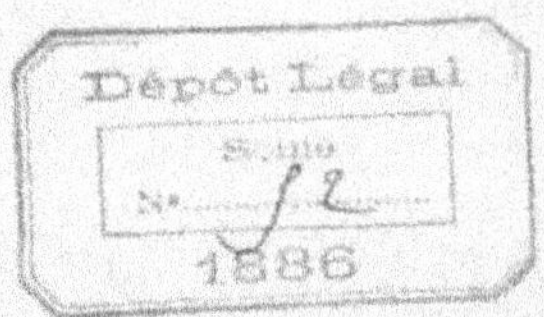

ÉLOGE

DE

CRÉMIEUX

MONSIEUR LE BATONNIER,
MESSIEURS ET CHERS CONFRÈRES,

Je ne sais plus quel auteur raconte qu'il fut un temps où les Athéniens obligeaient les avocats à parler derrière un rideau. Ce peuple d'artistes craignait que ses juges ne fussent séduits, entraînés, subjugués par le charme et les grâces extérieures des orateurs. La beauté n'est-elle pas, en effet, suivant l'expression d'un philosophe « une lettre de recommandation tout ouverte qui nous gagne les cœurs à l'avance (1) » ?

Envers l'homme dont m'est échu l'honneur de vous retracer l'existence, l'appréhension des Athéniens eût paru assez mal justifiée. Vous connaissez, en effet, Messieurs, cette physionomie si originale.

Un masque étrange dont tous les traits sont comme écrasés — des pommettes plates, recouvertes d'une peau rugueuse — des cheveux crépus, emmêlés en

(1) Shopenhauer : *Aphorismes sur la sagesse dans la vie.*

broussaille autour d'un vaste front — des paupières tombantes, sous lesquelles se voile à demi l'éclat de deux yeux un peu inégaux — un nez large, relevé, aux narines dilatées, portant à sa racine une marque cicéronienne — une bouche grande, des lèvres irrégulières — un buste pesant, trapu, ramassé — des bras courts, des mains mal modelées qui semblent éternellement condamnées aux gestes gauches et sans ampleur : tel est l'homme dont la carrière a été remplie de triomphes oratoires, qui, à la tribune ou sur la place publique, a su remuer ou calmer les assemblées ou les foules, qui, à la barre, a déployé, pendant cinquante années de lutte, toutes les ressources d'un talent incomparable de souplesse et de variété et a mérité d'être salué par un de nos maîtres comme l'avocat le plus complet qui se soit jamais rencontré.

Et quelle belle vie que la sienne, passée tout entière dans le culte du devoir et l'amour de la patrie ! Ce n'est pas sans émotion que j'en ai suivi les diverses étapes. — Je voudrais, Messieurs, pouvoir vous faire partager aujourd'hui les sentiments qui m'ont si doucement et si profondément agité.

Crémieux (Isaac-Moïse-Adolphe) naquit à Nîmes, dans une famille israélite, le 11 floréal an IV (30 avril 1796).

Son père, qui avait occupé, sous la Terreur, des

fonctions municipales, sortait à peine, par un honorable acquittement, de la prison où l'avait jeté la réaction de thermidor. Pendant sa captivité, tous les malheurs s'étaient abattus sur lui : la ruine de son commerce, la mort de ses trois enfants. Aussi reporta-t-il sur ce fils toutes ses espérances déçues, toutes ses affections brisées.

Et ce fils était bien fait pour consoler la tristesse paternelle. Dès ses plus jeunes ans, il montrait à s'instruire une étonnante facilité, apprenait en même temps le français et l'hébreu et, à la petite école où il avait été placé, remportait régulièrement tous les prix.

Ces précoces succès décidèrent sa famille à l'envoyer continuer ses études à Paris.

Crémieux entra donc, à l'âge de 11 ans, au Lycée impérial (aujourd'hui Louis-le-Grand). La sûreté merveilleuse de sa mémoire, la promptitude de son esprit, l'élégance et la vivacité de sa parole lui firent bientôt décerner par ses maîtres de nombreuses récompenses et par ses condisciples, un surnom qui mérite d'être cité. On l'appelait : l'Avocat.

En même temps que sa vocation professionnelle, ses instincts artistiques se révélaient dès le Lycée. Élève brillant, lauréat fréquent du concours et partant bien vu de son proviseur, il savait profiter de cette bienveillance pour aller, deux fois par semaine, applaudir, au Théâtre-Français, Mlle Mars et Talma.

Il ne demeurait pas davantage indifférent aux événements politiques. Comme toute la jeunesse de l'époque, élevée au bruit des victoires de Napoléon et qui arrivait à l'âge d'homme à l'heure des défaites, il était fanatique du héros qui lui semblait alors l'incarnation de la patrie. Il avait eu l'honneur de le haranguer, le 16 avril 1815, à la tête d'une députation de ses camarades et, dans l'ardeur de son enthousiasme, il avait porté deux jours en écharpe la main qui avait touché la main de l'Empereur !

Aussi, le désastre de Waterloo ne le frappa point seulement dans ses espérances de rhétoricien à qui l'absence de concours général enlevait cette année toute chance de prix d'honneur. Son jeune patriotisme en fut cruellement atteint, et sa douleur s'accrut encore à la nouvelle des troubles qui signalèrent, dans sa ville natale, le retour de la Restauration.

Cette nouvelle le rappela dans sa famille.

Au milieu des tumultes de la Terreur blanche, le jeune homme se distingua par son courage. Alors que l'émeute ensanglantait la rue sans que l'autorité protégeât les citoyens, il osa résister aux menaces et aux exactions des émeutiers dont le trop fameux Trestaillon était le chef. Sa fermeté ne put cependant soustraire sa maison au pillage. Pour éviter de plus grands malheurs, ses parents durent quitter Nîmes, tandis qu'il allait lui-même suivre à Aix les cours de la Faculté de droit.

Je n'oserais affirmer qu'à Aix, Crémieux se soit montré pour ses maîtres l'auditeur le plus assidu, ni le plus attentif. Certain cahier cartonné dont les premières pages avaient été noircies dès le collège, reçut alors plus d'une confidence que le Code civil n'inspirait pas. Il paraît toutefois que le commerce des Muses — comme on disait alors — n'est pas inconciliable avec l'étude de nos lois, puisque au bout de deux ans à peine, le jeune rimeur conquérait, par un remarquable examen, son diplôme de licencié.

Au mois d'août 1817, il prêtait serment devant la Cour de Nîmes. Il avait alors 21 ans.

En ce temps-là, Messieurs, et dans cette région de la France, notre profession n'était pas sans périls. Les haines politiques et religieuses, partout ardentes, le sont surtout dans le Midi. Elles venaient alors d'atteindre leur paroxysme. Assurés de l'impunité, les fanatiques meurtriers du maréchal Brune, à Avignon, du général Lagarde, à Nîmes, continuaient leurs sanglants exploits. La magistrature de la Restauration assistait impassible à ces violences, et plus d'une fois même, il faut bien le dire, on avait vu condamner, comme provocateurs ou comme rebelles, les victimes qui avaient osé s'adresser à la justice.

La religion de Crémieux, le passé républicain de son père, ses opinions libérales bien connues se dressaient donc devant lui comme autant d'obstacles à son avenir. Il ne pouvait se dissimuler que sa renommée d'avocat — s'il était destiné à acquérir quelque renommée — ne serait pour lui qu'une nouvelle et plus certaine désignation aux fureurs de la populace.

Mais sa vocation était irrésistible.

Dès le lendemain de sa prestation de serment, il débutait aux assises par une plaidoirie si touchante qu'elle lui valut les éloges de la Cour et si vigoureuse que les magistrats crurent devoir mêler à leurs éloges une bienveillante mercuriale.

La seconde fois que Crémieux prit la parole en Cour d'assises, deux accusés venaient y répondre d'un vol dont ils se rejetaient l'un sur l'autre la responsabilité. Au moment où il s'efforçait de démontrer l'innocence du premier, le deuxième l'interrompt : « Vous êtes « bien bon enfant de vous donner tant de peine ! Cet « homme que vous défendez est un de ceux qui ont « pillé votre maison en 1815 ! »

— « Vous mentez ! répond sur le champ l'avocat. En « tous cas, messieurs les jurés, il ne s'agit ici ni de « 1815 ni de ma maison. Si l'accusé l'a pillée, ses « remords doivent être grands à cette heure ; et je lui « pardonne. S'il ne l'a pas fait, qu'une telle calomnie « retombe de tout son poids sur celui qui la proclame « en un pareil moment ! Pour moi, j'ai accepté la « défense d'un homme que je crois innocent ; pour- « quoi donc écouterais-je une accusation qui pourrait « entraver cette défense ? »

Un nouvel incident d'audience devait peu de temps après faire plus d'honneur encore à Crémieux ; et la frémissante indignation avec laquelle, publiquement et face à face, il accabla sous le poids de ses crimes Trestaillon dont l'audace s'était accrue de l'impunité, prouva qu'au dévouement du défenseur s'alliait ce courage civil plus difficile encore et tout aussi fécond que le courage militaire.

Une rapide notoriété en fut la récompense. Vieux soldats de Napoléon regrettant leur empereur, jeunes patriotes aspirant à la liberté, tous ceux que la Restauration avait blessés dans leurs affections ou dans leurs espérances, se réjouissaient de trouver à leurs protestations un si vaillant interprète.

Alors commençait le mouvement qui devait finir par emporter la royauté bourbonienne. On sait quelle part y prirent les avocats. Presque partout l'impulsion vint du Barreau; et c'est au bruit des procès politiques que les doctrines et les tendances libérales se produisirent pour la première fois. Dans le Midi, où le parti royaliste pesait plus lourdement sur les vaincus, la voix de Crémieux s'élevait chaque jour devant les tribunaux pour défendre ou pour revendiquer leurs droits menacés ou ravis.

Une fois, c'est un vieil officier de l'Empire qui a laissé éclater en public ses douleurs et ses rancunes. Crémieux ne craint pas d'évoquer devant les juges les souvenirs de la grande armée. Il énumère toutes les victoires de ces soldats à qui l'avare injustice de la royauté laisse à peine de quoi soutenir leur existence, si souvent risquée pour la patrie. Il glorifie leur vaillance, il dit leurs misères et leurs rêves, et il emporte un acquittement.

Une autre fois, ce sont des jeunes gens qui ont chanté la Marseillaise. Crémieux les défend : comment? En les imitant. Lui-même, à l'audience, il récite le chant proscrit, ou plutôt, comme l'a dit avec tant d'esprit un de nos bâtonniers, il le chante et il le fait presque chanter à la Cour.

Une autre fois encore, devant les magistrats correctionnels, cinq habitants de Calvisson sont accusés de cris séditieux. De faux témoins déposent contre eux. Crémieux dévoile leur imposture ; le procureur du roi — retenons son nom, M. Pataille — requiert du tribunal leur arrestation : le tribunal s'y refuse et condamne les prévenus. Avec l'aide du procureur, Crémieux parvient alors à faire ouvrir une instruction de faux témoignage contre les accusateurs devenus accusés. L'enquête réunit toutes les preuves de leur crime : la chambre des mises en accusation les renvoie cependant, elle aussi. Crémieux ne se décourage pas. Tandis que M. Pataille indigné s'apprête à descendre pour toujours de son siège, il défère à la Cour d'appel la décision des premiers juges. Il expose hardiment devant la Cour la lutte que viennent de soutenir contre les magistrats, l'avocat et le ministère public réunis par une commune conviction; il flétrit les faux témoins, désormais assurés de l'impunité; il exige une décision réparatrice qui proclame en termes exprès leur infamie. Il l'obtient; et les applaudissements de la foule saluent ce triomphe de la vérité pour lequel il a fallu tant d'efforts.

A côté de ces luttes retentissantes, celle que Crémieux soutenait dans des causes étrangères à la politique, auraient pu suffire à répandre au loin son nom.

La cour d'assises, surtout, portait bonheur à Crémieux. Ses drames si pathétiques, où le cœur est troublé tour à tour par les plus diverses émotions, convenaient à cette nature impressionnable et puissante, capable de les éprouver toutes et de les faire toutes éprouver. C'est un mémorable acquittement qui consacrait sa renommée en 1823 : je veux parler de l'affaire Polge, une cause célèbre en son temps.

Polge était accusé d'avoir assassiné, pour le voler, un charbonnier nommé Donnadieu. La victime avait été découverte gisant, la tête brisée d'un coup de pierre, dans un bois où on l'avait vue, la veille, entrer en compagnie de l'accusé. Quelques pièces d'argent trouvées sur celui-ci, dont le dénuement était notoire, achevaient de le désigner aux soupçons; mais aucune preuve plus directe ne se dressait contre lui. Condamné à mort par le jury du Gard, il comparaissait après cassation devant les assises de l'Hérault. Crémieux qui avait été désigné d'office pour le défendre à Nîmes, consentit à livrer en sa faveur un combat suprême à Montpellier.

Il trouva dans l'avocat général un adversaire redoutable. Le réquisitoire fut écrasant ; et le ministère public, empruntant à l'Écriture sa péroraison, le termina par cette apostrophe qui était bien dans le goût du jour : « Répondez, Polge, répondez à la voix de « l'Eternel qui se fait entendre dans la nuée et qui « vous adresse cette terrible question : *Polge, qu'as-tu « fait de Donnadieu ?* »

A cette « terrible question », voici, Messieurs, la réponse du défenseur :

« L'ai-je bien entendu ? C'est la voix de l'Éternel « qu'on ose reproduire ! Mais vous qui proclamez « avec tant de certitude la culpabilité de l'accusé, « avez-vous bien compris tout ce que vous me donnez de force en empruntant la parole de Dieu ?

« Polge, dites-vous, a tué Donnadieu. Qui a vu commettre le crime ? Personne ! Qui a vu Polge dégouttant du sang de sa victime ? Personne ! Qui a entendu même un aveu de Polge ? Personne ! Ainsi, « point de témoins : et vous n'avez pas un doute ? « Écoutez, Messieurs ; et puisque Dieu lui-même est « invoqué dans ces débats, écoutez et comparez :

« Au jour fatal du premier fratricide, Adam, Ève, « Caïn, Abel, étaient les seules personnes vivantes « sur la terre. Abel était le fils chéri d'Adam et d'Ève. « Caïn était dévoré contre lui d'une amère jalousie.

« Qui donc pouvait avoir tué l'innocent Abel? Attendez. A ces désespérantes présomptions, les témoins « muets venaient se joindre. Le front de la victime était « écrasé sous un coup de massue; la massue toute sanglante était là sur le sol; c'était la massue de Caïn. « Et le meurtrier atterré, les pieds dans le sang humain qu'il voyait pour la première fois, restait « immobile près du cadavre de son frère. Maintenant, « qu'est-il besoin de le dire? Dieu a tout vu!... Or, « voici la grande leçon que la justice divine donne à « la justice humaine : Dieu ne prononce pas encore « ces mots : *Tu es coupable, tu seras puni*. Il semble « vouloir douter encore; il dit : *Où est ton frère Abel?* « Il faut, pour qu'il prononce la sentence, une parole « accusatrice du meurtrier qui, là, devant sa victime, « répond en frissonnant : *Me l'aviez-vous donc donné « à garder?* Alors seulement, Dieu lui dit : *La voix « du sang de ton frère monte jusqu'à moi de la terre « que tu as souillée.* — Quelle justice, Messieurs! Dieu « semble vouloir douter encore quand il sait tout, « quand il a tout vu! Et vous, faibles mortels, quand « le crime s'est commis loin de vous, sans témoins, « vous ne doutez pas! Heureusement, la foudre est « dans d'autres mains! »

Peut-être, Messieurs, ne parlerions-nous plus sur ce mode inspiré. De nos jours, l'accusation et la défense prennent bien rarement leur vol vers ces hautes régions. L'éloquence y perd-elle? je ne sais.

La discussion pourrait bien y gagner. Mais alors et dans ce Midi si agité par les luttes religieuses, l'apostrophe du ministère public ne surprenait pas l'auditoire et l'avocat n'avait pas besoin d'invoquer, pour justifier le ton de sa réplique, l'excuse de la provocation. Il n'importe; dans cette réplique règne une grandeur saisissante que le temps n'a pas effacée.

Enfin le jury a statué : trois voix seulement sont favorables à l'accusé. C'est ici, Messieurs, que se révèle l'indomptable ressort de Crémieux. Sous le choc, il rebondit ; il se tourne vers la Cour; d'une voix frémissante, il parle encore pour implorer sa pitié... La Cour, usant du droit que lui conférait alors le Code, se réunit à la minorité du jury. Polge est acquitté !

N'est-ce pas, Messieurs, que c'est un beau triomphe? A quel autre est-il jamais arrivé d'arracher à des magistrats un acquittement que viennent de refuser des jurés ?

Lorsqu'en 1824, Crémieux épousa celle qui devait être sa compagne pendant plus de cinquante ans, l'avenir qu'il lui offrait de partager n'était plus incertain. Avignon, Aix, Marseille, Montpellier, toutes les villes du Midi avaient déjà entendu et applaudi sa parole. Procès politiques, procès criminels, procès civils, procès commerciaux, toutes les grandes affaires venaient à lui.

Parmi tant de causes dont son infatigable activité

supportait le poids sans faiblir, il faut placer au premier rang la lutte victorieuse de Crémieux contre le mode particulier de serment trop longtemps imposé par la jurisprudence aux plaideurs israélites.

Le maintien du serment *more judaïco* perpétuait à l'encontre des Juifs les préventions défavorables de l'ancien temps. Crémieux en fit comprendre l'injustice à la Cour de Nîmes. Il restitua au serment son véritable caractère; il montra qu'introduire la religion dans un acte civil où la conscience est seule engagée, c'était établir, malgré la charte, une véritable inquisition sur les croyances de chacun. La décision de la Cour de Nîmes inaugura une nouvelle jurisprudence. En 1842 la Cour de cassation, après deux autres plaidoyers de Crémieux, à Nîmes, puis à Saverne, consacrait définitivement sa doctrine.

Le succès de Crémieux lui valut de ses coreligionnaires de nombreuses marques de reconnaissance. Mais c'était plus qu'une conquête au profit d'une secte particulière; c'était le triomphe de deux principes qui nous sont chers : l'égalité de tous devant la justice et la liberté de la pensée.

Une autre question d'un intérêt non moins général devenait, bientôt après, pour Crémieux, l'occasion d'une série de succès remportés, au cours d'un rapide voyage, à Rennes, à Château-Thierry, à Mâcon et à Rochefort : Napoléon avait souvent promulgué des décrets pour établir, de sa seule autorité, des peines pécuniaires ou corporelles, sans que le

Sénat, gardien vigilant des constitutions de l'Empire, eût jamais songé à protester contre ces inconstitutionnelles décisions. Crémieux soutint que l'inertie des sénateurs ne pouvait couvrir l'illégalité des décrets. Il fut assez heureux pour faire partout écarter l'application de pareils actes d'arbitraire.

La renommée de Crémieux s'était répandue jusqu'à Paris lorsqu'il vint y passer quelques jours en 1828. Une des étapes de son voyage fut égayée par un incident où se montre bien sa prime-sautière bonhomie.

En route, il avait un voisin de diligence affligé d'un gros procès en séparation de corps. Notre homme allait entendre juger son affaire par la Cour de Lyon. Il était doué de cette expansion naïve dont sont coutumiers les maris malheureux ; en outre, il était agité des plus sombres pressentiments ; aussi ne fut-il avare ni de lamentations ni de confidences. L'âme charitable de Crémieux se laissa toucher par cette douleur débordante. L'ennui d'un long trajet acheva l'œuvre de la compassion; et, pour passer les heures, il se fit conter toute l'histoire. — L'affaire ne lui sembla pas si désespérée : comme on arrivait à Lyon, il s'offrit à la plaider. Son succès fut éclatant. Il ne put se dérober que par la fuite aux ovations de l'auditoire. La diligence allait partir : il y courut s'enfermer, n'acceptant pour honoraires, de son client de rencontre, qu'une chaleureuse poignée de main.

Le bruit de cette équipée oratoire avait devancé et signalé son arrivée à Paris. Lorsqu'il vint au Palais, il fut bien vite reconnu et reçut du Barreau parisien l'accueil le plus empressé.

Un grand procès l'attendait à son retour à Nimes. Le cardinal de la Fare, archevêque de Sens, contestait à MM. Cabot de la Fare le droit de porter son nom. La prétention était d'autant plus singulière que, le maréchal de la Fare étant mort sans postérité en 1752, le cardinal n'était pas lui-même à l'abri de tout reproche d'usurpation. Crémieux n'eut garde d'oublier cette piquante circonstance. Il cribla de mille traits acérés la malencontreuse vanité du prélat.

« Je vénère les princes de l'Eglise, s'écriait-il dans « son exorde, mais je me les représente appuyés sur le « bâton des apôtres et montrant, d'un doigt indica- « teur, à ceux qui se fourvoient, ce chemin du salut « si difficile à parcourir. Je ne puis me les figurer se « traînant dans l'enceinte où se discutent des intérêts « terrestres, tendant la main devant les magistrats « pour mendier de frivoles avantages, des noms, des « titres et des hochets de vanité. »

Cependant la Révolution de 1830 était survenue. Elle marquait dans l'existence de Crémieux le commencement d'une phase nouvelle.

Ce triomphe des idées dont il avait si vaillamment secondé l'expansion, lui causa plus de joie qu'il ne lui valut d'avantages.

A Nîmes, la discorde entra au Palais. Les amis de la royauté tombée supportaient mal leur disgrâce. La Cour refusa de prêter serment à la royauté nouvelle avant de reprendre ses audiences interrompues. Dans l'Ordre des avocats, des discussions quotidiennes ébranlèrent l'antique confraternité.

Ce milieu troublé ne pouvait convenir au caractère paisible et à l'âme bienveillante de Crémieux. Il s'expatria, non sans regrets, et vint chercher à Paris un champ plus large où son activité pût se déployer.

Ce n'est pas encore à cette date que notre Ordre s'enrichit d'une telle recrue. M. Odilon Barrot, nommé préfet de la Seine, quittait sa charge d'avocat à la Cour de cassation. Crémieux l'y remplaça.

Ses débuts valent la peine d'être rappelés : sans même plaider, il gagna brillamment une cause dont il n'était point chargé.

Il était à l'audience où il devait soutenir son premier pourvoi et, en attendant l'appel de son affaire, il suivait, d'une oreille distraite, les débats d'un procès criminel. Il s'agissait de trois paysans, coupables d'avoir émis de fausses pièces de quinze sous, que la Cour d'assises de Maine-et-Loire avait condamnés. Une nullité rendait inévitable la cassation de l'arrêt. Mais l'avocat général, d'accord avec le conseiller rapporteur, ne croyait devoir la demander que dans l'intérêt de la loi.

Tel ne fut pas l'avis de Crémieux. Il entrevit une erreur de droit à réfuter, des accusés à défendre ; c'était plus qu'il n'en fallait pour le tirer de son indifférente attitude. Crémieux n'était pas homme à laisser passer sans protestation une méprise juridique ; moins encore était-il capable de ne pas saisir au vol l'occasion de sauver des malheureux.

Pendant que les magistrats se dirigeaient vers la salle du Conseil, il s'approcha de l'avocat général et, presque confidentiellement, lui fit part de ses impressions. En quelques phrases rapides, pressantes autant que pressées, il fixa le point de droit et démontra qu'il fallait casser l'arrêt sans renvoi : C'était la liberté pour les condamnés.

L'avocat général, étonné mais convaincu, ne fit point difficulté d'adopter cette doctrine. La Cour à laquelle il s'empressa de la répéter, l'adopta pareillement. Ainsi Crémieux n'avait pas encore prononcé sa première plaidoirie, que trois condamnés lui devaient déjà leur salut !

Cette bonne fortune dut largement compenser à ses yeux l'arrêt de rejet qui accueillit, aussitôt après, cette première plaidoirie. Son client était le journal *le Constitutionnel* qu'une plainte des gendarmes de Rodez avait fait sévèrement condamner, pour diffamation, devant la Cour d'assises de Toulouse et qui réclamait le bénéfice de l'amnistie accordée aux délits politiques. Les magistrats se refusèrent à ranger dans la catégorie des délits politiques l'outrage à la gendarmerie ; mais le président, M. de Bastard, tint à honneur d'adoucir, par un compliment, l'amertume de cette défaite. Il manifesta publiquement à Crémieux le plaisir qu'avait pris la Cour à voir son éloquent prédécesseur si dignement remplacé.

L'éloge était sincère ; Crémieux en éprouva la sincérité. C'est à lui que M. de Bastard, chargé de diriger l'instruction qui venait d'être ouverte contre les ministres de Charles X, fit confier la défense du comte de Guernon-Ranville.

Vous n'attendez de moi, Messieurs, ni le récit fidèle, ni le résumé de ce mémorable procès des ministres. C'est une longue page de notre histoire que vous avez lue tout entière. Crémieux y tint vaillamment sa place ; mais, il faut bien le reconnaître, auprès de l'éclatante harangue de Sauzet, toutes les autres plaidoiries pâlirent. Sauzet seul élargit assez le débat pour en embrasser la grande question : la lutte suprême entre deux principes. Seul, il opposa l'un à l'autre le droit divin chancelant et la volonté populaire victorieuse. Seul, il montra par quelle suite fatale d'événements les défenseurs de la royauté s'étaient trouvés acculés à l'emploi de la force brutale, dernière ressource qui leur restât.

Cette haute et grande discussion, Crémieux en avait conçu le projet. Elle convenait particulièrement, en effet, au défenseur du ministre qui s'était posé, dans le Conseil, en adversaire des ordonnances et qui n'avait cédé qu'à l'impérieuse contrainte des nécessités politiques. Mais quand, après Sauzet, ce fut à Crémieux de prendre la parole, on remarqua — sans le comprendre — un rapide colloque entre le comte de Guernon-Ranville et son défenseur. Le comte se refusait brusquement à séparer sa cause de celle de ses collègues. Loyale victime de la solidarité ministérielle, il repoussait, au dernier moment, le système de défense qu'il avait d'abord approuvé.

Terrible situation pour l'avocat dans les mains de qui se brisaient ses armes, à l'instant même du combat! Crémieux se lève cependant : « J'écoute encore, et il faut que je parle... » Et le voilà qui parle, avec quelle fougue, quelle émotion, quelle grâce! Mais l'effort de cette improvisation l'a brisé et, au moment de finir, le voilà qui s'évanouit.

Ce serait une erreur, Messieurs, de croire qu'au sortir des ardentes discussions de la Cour des Pairs, Crémieux, rentré dans le sein plus calme de la Cour de cassation, ait laissé s'engourdir au froid des controverses juridiques la verve de son tempérament. Nul mieux que lui ne savait animer les austères audiences de la Cour suprême et donner aux abstractions du droit par le mouvement et la vie.

D'ailleurs, les événements le servaient. Le premier essai sérieux d'un gouvernement représentatif faisait surgir de nombreux problèmes. Une Constitution nouvelle soulevait, à chaque instant, de nouvelles questions de droit public. Ces grands débats passionnaient l'opinion. Pour les trancher, l'avocat n'avait pas à se confiner dans une étroite exégèse des textes; il lui fallait s'éclairer des lumières de l'histoire et de la philosophie. Puis, les procès de presse renaissaient, fertiles en condamnations pour les accusés, plus fertiles encore en triomphes pour l'éloquence. Le duc d'Orléans avait bien promis qu'il n'y aurait plus de procès de presse, mais Louis-Philippe oubliait les promesses du duc d'Orléans; et rarement la presse fut plus poursuivie et aussi plus brillante, car c'est le privilège de la pensée de grandir dans la persécution.

La *Tribune*, le *Courrier français*, le *Charivari*, la *Caricature*, le *National*, la *Gazette de France*, bien d'autres journaux encore, frappés de coups répétés, trouvèrent Crémieux toujours prêt à défendre, devant la Cour de cassation, la cause de la liberté. Il y défendit même, un jour, celle de la poésie dans la personne de Bastide, jeune poète oublié, à qui la barbarie d'un président d'assises avait refusé le droit de haranguer le jury en alexandrins.

Au Conseil d'État, Crémieux plaida pour Grégoire réclamant sa pension de sénateur que lui avait retranchée la haine de la Restauration; pour Jeanne, l'héroïque combattant de Juillet, dépouillé de sa récompense nationale après l'émeute du cloître Saint-

Merri; pour les soldats de Joseph Napoléon, à qui la France refusait le paiement des cédules émises par le roi d'Espagne après la bataille de Talaveyra. Devant la Cour des pairs, il unit ses efforts à ceux de Jules Favre pour la défense des accusés d'avril. En même temps, les causes d'ordre privé affluaient à son cabinet.

A la fin de 1836, Crémieux entrait dans notre Ordre, merveilleusement préparé, par son séjour auprès de la Cour de cassation, aux grandes luttes du Barreau militant. Une connaissance absolue de toutes les parties du droit lui permettait d'accepter sans crainte les affaires les plus diverses. Une fortune indépendante, laborieusement acquise, lui aurait permis de les attendre, si elles ne s'étaient aussitôt présentées.

Je viens de vous parler, Messieurs, de la fortune de Crémieux; c'est que je veux vous rappeler le premier usage qu'il en ait fait.

Son père avait laissé, à sa mort, de lourdes dettes à ses quatre enfants. Crémieux, l'aîné, le protecteur naturel de ses trois sœurs, avait à lui seul acquitté tout le passif de la succession. Mais il ignorait qu'après la Terreur, la maison de commerce dont M. David Crémieux était un des chefs avait été déclarée en faillite. Le jour où il l'apprit, il sentit, comme il l'a dit lui-même, « qu'il manquerait une consolation à sa vie tant que la mémoire paternelle resterait entachée. » — La loi ne faisait peser sur son père que la moitié de la dette sociale : sa conscience fut plus sévère que la loi ; il remboursa la dette entière, capital et intérêts. Il lui fallut plusieurs années de recherches pour retrouver et payer tous les créanciers. Beaucoup d'entre eux n'avaient même plus souvenir de cette faillite, déjà vieille de quarante ans ; il la leur rappela. Il eut enfin la joie de voir la Cour de Nîmes accorder à David Crémieux une réhabilitation posthume.

« Fils pieux, il avait le droit d'aller s'incliner sur la tombe de son père. »

Le temps me manque, Messieurs, pour vous retracer, dans tous ses détails, cette nouvelle époque de la vie de Crémieux. Je dois seulement vous rappeler, en passant, que c'est alors qu'il publia le premier et seul volume du *Code des Codes,* vaste ouvrage dans lequel il voulait résumer l'ensemble de nos monuments législatifs. Il y traite — sous le titre de *Code constitutionnel* — tous les grands problèmes du droit public ; et ses études sur la souveraineté du peuple, sur la séparation des pouvoirs, sur le pouvoir judiciaire, font en même temps l'éloge de son zèle patriotique et de son érudition.

Cependant l'heure approchait où, sans déserter la barre, Crémieux allait pouvoir aborder la tribune.

En 1842, les électeurs de Chinon l'envoyèrent à la Chambre.

S'il combattait alors la royauté de Juillet, son hostilité n'avait point de parti pris. S'il avait soif de liberté, il ne pensait pas qu'entre la liberté et la monarchie toute entente fût impossible. Les droits de la défense violés, le Jury mis en suspicion, la pensée humaine entravée par ces funestes lois de Septembre qui faisaient porter à la nation entière la peine d'un crime particulier, avaient ébranlé ses illusions dynastiques, mais ne les avaient pas fait évanouir.

Il siégea donc dans les rangs de l'opposition constitutionnelle, à côté d'Odilon Barrot. Pourtant, les tendances de ce dernier, un peu timides, un peu étroites — bourgeoises, comme on disait alors — ne satisfaisaient pas complètement ses instincts démocratiques. Crémieux aimait profondément le peuple, il en comprenait les aspirations, il en avait la franchise et la rondeur, il en avait aussi certaines impatiences et l'indécise modération d'Odilon Barrot lui semblait parfois trop voisine de la faiblesse.

La part qu'il prit, dans la Chambre, à la discussion de toutes les grandes lois sur les chemins de fer, la propriété littéraire, les brevets d'invention, les caisses d'épargne, fit vite apprécier son expérience consommée des affaires, sa dialectique lumineuse, sa parole sûre et toujours prête. L'ardeur de son patriotisme se déploya dans la guerre acharnée qu'il soutint contre Guizot.

« Enrichissez-vous ! » avait dit le ministre, et la recommandation était devenue une maxime de gouvernement. La corruption gagnait ; les préoccupations mercantiles de la royauté sacrifiaient à une poignée de censitaires privilégiés les intérêts légitimes d'un peuple immense, à l'alliance hargneuse de l'Angleterre les fiertés de l'honneur national. Au dehors, la paix à tout prix, l'indemnité Pritchard; puis, les mariages espagnols. Au dedans, la résistance hautaine à tout essai de progrès social.

L'âme si française de Crémieux s'accommodait mal d'une semblable politique. Aussi, quand s'ouvrit la campagne des banquets réformistes, il s'y jeta tout entier.

Voici venir les journées de février. Louis-Philippe qui traitait d'aveugles les promoteurs de la réforme, s'est perdu par son aveuglement. Maintenant, retraite de Guizot, abdication, régence, chaque concession arrive trop tard. Obstinée dans son orgueil, la monarchie n'a songé qu'à fortifier la digue qu'elle opposait à la liberté; mais le flot grossi renverse l'obstacle, emportant ceux qui l'ont construit !

Envahie par la foule en armes, la Chambre entend retentir de tous côtés le mot « République ». Après Marie et avant Lamartine, Crémieux réclame un gouvernement provisoire : Il faut laisser à la nation le temps de se ressaisir, attendre son verdict souverain ; trahir ses volontés serait un crime, les devancer en serait un autre.

Un gouvernement provisoire est constitué par acclamations. Le ministère de la justice est attribué à Crémieux.

Grands souvenirs à remuer, Messieurs, que ceux de l'Hôtel de Ville ! Dans ces premières heures de la Révolution, si pleines de trouble et de péril, le gouvernement siégeait en permanence. Autour du pouvoir naissant, s'agitait l'éternelle méfiance populaire. Délégations sur délégations assiégeaient la salle Saint-Jean. Tumulte incessant de harangues, d'exhortations, de menaces : le peuple vainqueur se souvenait de 1830 et n'entendait pas qu'on lui volât sa victoire. Il fallait calmer les colères, dissiper les soupçons, contenir la multitude envahissante. Et, tandis que délibéraient les dictateurs, Lamartine et Crémieux se multipliaient dans ces batailles d'éloquence.

Puis, les décrets se succèdent : les blessés et les veuves secourus, la propriété sauvegardée, les prisons politiques ouvertes, la garde nationale organisée, sinon la tranquillité, du moins la paix rétablie. Enfin, après un jour entier de fatigue et de fièvre, les hommes à qui sont confiés tous les pouvoirs soupent d'un morceau de pain et boivent à la ronde un peu d'eau dans le même verre ébréché !

Messieurs, cette page de l'existence de Crémieux, sa Révolution, sa chère Révolution de 1848, a été l'orgueil de toute sa vie. Saint et naïf orgueil qui déborde, dans tant de plaidoiries, en mille digressions familières et qui fait souvent monter aux yeux une larme, aux lèvres un sourire attendri.

Cet orgueil, qui ne le comprendrait ? Ils avaient le droit d'être fiers, les hommes qui proclamèrent la liberté de réunion et d'association, qui abrogèrent les lois de Septembre, et qui nous donnèrent le suffrage universel dont il est de bon ton de médire, mais dont les médisants ne nous indiquent guère le moyen de nous affranchir. Il avait le droit d'être fier, le ministre qui abolit l'exposition, déshonneur de notre Code pénal, et l'esclavage, déshonneur de nos colonies. Il avait le droit d'être fier, enfin, celui qui promulgua « le plus beau décret qui soit sorti de la bouche d'un peuple le lendemain de sa victoire » (1), l'abolition de la peine de mort en matière politique !

Sans doute, il y eut d'autres innovations que celle-là. Il y eut le droit au travail et les ateliers nationaux. Vous savez ce qu'il en sortit. Mais vous savez aussi à quelles personnes et à quelles causes en remonte la responsabilité ; et s'il mérita bien de la patrie, celui de nos maîtres — disparu d'hier — qui arrêta l'émeute aux journées de juin, ils méritèrent bien de la

(1) Lamartine.

patrie, eux aussi, ces hommes du gouvernement provisoire qui accomplirent tant de grandes choses et dont les fautes inévitables ne peuvent effacer ni le dévouement ni la loyauté !

Malgré tout, Crémieux avait cru la République éternelle. Le prince président ne laissa pas longue vie à ses illusions. Le cachot des malfaiteurs attendait l'homme qui avait été le plus haut représentant et le plus fidèle serviteur de la justice. Le 2 décembre jeta Crémieux dans une cellule de Mazas.

C'était le jour anniversaire de son mariage ; une douce et déjà vieille habitude ramenait tous les ans à cette date la fête du bonheur conjugal.

Ceux qui ont le mieux connu Crémieux n'ont jamais pu dire si, pendant sa captivité, la douleur du mari n'a pas été aussi vive que la douleur du patriote.

Sous prétexte de conjurer les dangers de l'anarchie, « ce fantôme complaisant qui sert toujours d'excuse à la tyrannie », comme l'a dit un prince qui s'y connaissait, Louis-Napoléon Bonaparte (1), l'Empire s'était élevé. Il avait fait le silence partout : la presse était muette, muette la tribune. — La tribune ! le régime nouveau semblait en redouter jusqu'au souvenir et, dans son effroi de tout ce qui pouvait rappe

(1) Œuvres de Louis-Napoléon Bonaparte, tome 1er, p. 217. — Edition de 1848.

ler les gloires du passé, il en avait fait disparaître le marbre même.

Au milieu du massacre de nos libertés, le Barreau avait seul conservé ses antiques franchises. C'est au Barreau que s'étaient réfugiés, comme dans un asile sacré, tous ces grands vaincus, orateurs et hommes d'Etat, que la proscription avait épargnés. C'est au Barreau que Crémieux vint demander des consolations à l'amère et invincible tristesse qu'éveillaient en lui les malheurs et les hontes de ces temps néfastes.

Comment raconter, Messieurs, les années de sa vie qui suivirent son retour au Palais, ces années si remplies, si fécondes ? Comment redire tous ces imposants débats où retentissait sa parole, plus puissante encore qu'autrefois et tout aussi émue, tout aussi jeune d'inspiration ?

Ce serait un trop long récit et vous me saurez gré de vous l'épargner. Vous me permettrez plutôt d'étudier avec vous cette personnalité si attachante et d'essayer d'en fixer l'image.

Certains critiques nous représentent volontiers le dessin et la couleur comme deux puissances rivales qui se disputent l'empire de la peinture et s'unissent malaisément. Dans le domaine de l'éloquence, on a souvent accusé le même antagonisme entre le savoir et la passion. Mais si l'un ou l'autre peut suffire à l'avocat, ceux-là seuls sont orateurs dont la science souveraine et la parole enflammée savent subjuguer à la fois notre cœur et notre raison.

Crémieux est un de ces maîtres. Il dit le droit comme un préteur, il est ému comme un poète.

La nature l'a comblé : Israélite, il a puisé dans le génie de sa forte race le sens juridique, l'instinct des affaires, la tenacité. Méridional, le ciel éclatant sous lequel il a pris naissance lui a versé sa lumière et sa chaleur. Il lui doit toutes ces folles échappées de l'esprit, toutes ces brillantes fantaisies de l'imagination qui viennent illuminer sa parole, comme autant de rayons vainqueurs du beau soleil du Languedoc.

Pour Crémieux, point d'affaire ingrate. Quelque cause qui se présente, la sûreté de son coup d'œil en a vite dégagé le caractère particulier, et la souplesse de son génie se plie aussitôt, sans fatigue, à la forme appropriée.

Nul ne démêle mieux que lui les fils de l'intrigue la plus enchevêtrée. Il est à l'aise dans les arides combinaisons de la finance ou de l'industrie. Il réduit à leurs éléments les plus simples les problèmes les plus complexes. Les chiffres, sous ses doigts habiles, ont des groupements lumineux.

Le droit lui est aussi familier que les affaires. Il le possède dans son entier, depuis les mystérieuses arguties de la procédure jusqu'aux larges théories de nos lois constitutionnelles. Pas de texte qu'il ne connaisse, avec sa date, et ses applications, et la date de chacune d'elles. Les innombrables décisions de la jurisprudence sont entassées en bon ordre, toutes préparées pour la plaidoirie, dans sa mémoire encyclopédique où tiendrait la bibliothèque du Palais.

Avec des dons si précieux, le travail devient facile. Il ne faudrait cependant pas croire que les succès de Crémieux ne lui coutassent aucun effort. S'il allait vite en besogne et si les gros dossiers ne l'effrayaient pas, il avait pour principe immuable de les lire d'un bout à l'autre. Souvent même, il en mêlait d'abord toutes les pièces qu'il reprenait ensuite, une à une, dans l'ordre où le hasard les avaient jetées, afin de contraindre son esprit, par cet exercice d'analyse, à la plus pénétrante attention.

Maître de son affaire, il ne s'attardait pas à fouiller d'une plume patiente les ciselures de sa harangue. A peine griffonnait-il quelques notes ou quelques chiffres et, quand venait l'audience, il abordait la barre sûr de ses souvenirs, sûr de sa parole.

L'éloquence de Crémieux doit à cette méthode la physionomie si vivante qui fait son attrait. On y sent vibrer une âme. L'orateur n'a pas cherché l'inspiration dans une laborieuse solitude ; c'est du tumulte de l'audience qu'il l'attend, c'est de là qu'elle lui arrive, animée d'un souffle plus robuste et stimulée par le combat. Crémieux n'est jamais languissant ou maniéré. Il a le naturel et la chaleur; il a l'expression pittoresque, l'épithète qui fait image, le mot qui jaillit. La phrase est sobre cependant : elle rappelle plutôt Démosthène que Cicéron. Les idées se suivent si rapides, que la parole, qui les recouvre de leur vêtement à mesure qu'elles se présentent, n'a pas le temps de les surcharger.

D'ailleurs, nul souci de cette correction qui perd en vivacité ce qu'elle peut gagner en élégance. Le mouvement irrésistible qui emporte le discours lui défend de se ralentir. Crémieux à la barre, c'est un soldat sur le champ de bataille. On dirait qu'il monte à l'assaut.

Son exorde n'est pas figé dans les froids contours d'un moule uniforme. Les nécessités de l'attaque en règlent seules les dimensions et l'allure. La place qu'il assiège lui paraît-elle à la merci d'un coup de main ? il supprime tout préambule et se précipite. Est-elle trop forte ? il commence par la battre en brèche. — Un exemple entre mille vous montrera, Messieurs, combien il est alors ingénieux à prévenir l'esprit des juges.

Marie plaidait contre lui devant la Cour de Limoges un important procès financier. Il occupa la première audience et fit si bien que l'auditoire crut perdue d'avance la cause de Crémieux. Écoutez l'exorde de celui-ci :

« Messieurs,

« Je suis frappé d'un souvenir de l'histoire « d'Henri IV. J'aurai plaisir à vous le dire, vous aurez « plaisir à vous le rappeler.

« Il prit un jour à ce roi la fantaisie d'aller entendre « plaider au Parlement un grand procès qui faisait « éclat. A peine est-il en place, l'audience s'ouvre, et « l'avocat de l'appelant commence à parler. C'était « un vaillant avocat; c'était le Marie de l'époque ; il « plaida vaillamment. Quand il eut fini, le roi s'écria : « Il a bien raison, sa cause est gagnée. »

« Sur quoi, l'avocat de l'intimé prit la parole. Plai- « da-t-il bien, plaida-t-il mal ? C'est une question que « l'histoire n'a pas encore résolue. Mais il avait le bon « procès, et ses arguments consciencieux allèrent « droit à la conscience de son royal auditeur qui, après « l'avoir entendu, s'écria : « C'est donc lui qui a rai- « son ! »

« Puis, se tournant vers les gens de son Parlement « comme on disait alors : « Ventre Saint-Gris, « Messieurs, leur dit-il, vous êtes bien habiles, bien « savants et bien honnêtes, vous qui pouvez deviner « lequel de ces deux hommes a raison. »

Ainsi admonestés, Messieurs, les magistrats de Limoges furent bien habiles et bien honnêtes : ils devinèrent que c'était Crémieux qui avait raison.

La discussion de Crémieux est alerte, résolue, abondante. Le fait et le droit y sont dessinés d'une ligne ferme. Chaque principe juridique s'accompagne de son motif et de ses conséquences; chaque élément du fait est retourné sur toutes ses faces, avant d'être rattaché solidement à l'ensemble dont une lumière savante accusera la masse et les reliefs. Puis, le plan de la plaidoirie dégagé, les idées groupées en leur ordre, l'avocat s'acharne à son œuvre : il faut que tous les coups portent et que tous les arguments fassent leur trouée. C'est alors que Crémieux s'abandonne à son démon intérieur. Il va, vient, revient, frappe sans relâche, verse à pleines mains les trésors de son bon sens ou de son imagination. Tout s'anime à sa parole, et l'on admire ces rapprochements saisissants, ces images étincelantes qui résument un long débat et le gravent dans l'esprit d'un trait de feu.

Il prend tant d'intérêt au procès qu'on dirait presque qu'il y est partie. Sa personnalité intervient et s'affirme dans toutes les causes. — C'est un des charmes de son éloquence qui semble se complaire dans les anecdotes personnelles et les souvenirs de l'homme public.

Avec quelle belle humeur Crémieux sait parler de lui-même : « Je connais de la façon la plus intime, « depuis bientôt soixante ans, un homme dont la vie a « été bien douce au Palais, bien agitée dans la poli- « tique, bien délicieuse dans son intérieur. Cet

« homme, le mouvement des révolutions l'a porté un « moment jusqu'au faîte du pouvoir; après quoi, par « un de ces revirements que notre pays accueille tou- « jours avec tant de faveur, il est tombé dans une cel- « lule à Mazas, avec bien d'autres, ma foi!... » — Avec quelle candeur et quelle bonne grâce Crémieux rappelle les actes de son ministère : « Ah! Messieurs, « le ministre de la Justice du gouvernement pro- « visoire comprenait mieux la liberté de la presse!... » — Et comme il aime à épancher ses souvenirs de « 1848 : « Quand j'étais à l'Hôtel de Ville, avec Lamar- « tine... » — Et les récits se succèdent; et, par un art singulier, ils entrent dans la trame même de la plaidoirie et concourent à la démonstration.

Il ne faudrait pas s'aviser de l'interrompre ou de l'arrêter. Il veut tout dire et il dit tout. Un jour, un président l'interpelle : « Maître Crémieux, la Cour voit avec regret que vous n'arrivez pas assez vite aux faits de la cause. » — « Monsieur le Président, répond Crémieux, je supplie la Cour de me continuer ses regrets pendant cinq minutes. »

Sa réplique est toujours prompte. Il y excelle; il y déploie sa verve joyeuse ou sa puissante émotion. Son esprit est charmant, naïf et gouailleur, tendre et mordant, fier et familier. Son âme est hardie, généreuse, énergique. Il passe sans effort de la moquerie à la colère ou à la pitié. Son ironie es tcoupée à chaque instant par de grandes échappées bibliques de hauteur et de majesté. Il a des gaietés d'écolier et des ardeurs d'apôtre, merveilleux talent qui possède également le don du rire et le don des larmes.

Et ne croyez pas, Messieurs, que sa courte taille et ses traits irréguliers nuisissent à l'action de l'orateur.

Sa voix ample, profonde, sonore, relevée d'un léger accent méridional, avait d'harmonieuses modulations; ses gestes étaient éloquents; et si j'ai médit tout à l'heure de son visage, permettez-moi de me rétracter.

Dès qu'il commençait à parler, ses yeux s'allumaient, fascinateurs. Toutes les passions venaient s'y refléter. Ils rayonnaient d'intelligence, ils pétillaient de malice, ils flambaient de colère ou d'émotion. A leur éclat, semblait fondre la laideur de la face : elle se transfigurait. L'auditoire surpris voyait passer tour à tour, sur ce masque si mobile, les clartés et les ombres de la pensée, et je ne crains pas — non, je ne crains pas d'être taxé d'imposture si je dis qu'alors Crémieux était beau!

Voilà, Messieurs, comment m'est apparu l'orateur. Quant au caractère de l'homme, il est facile à peindre : la bonté en forme le trait dominant. Ce n'est pas une bonté faite d'indifférence, elle est toute de dévouement et d'ardeur.

Dans la défense des malheureux, Crémieux n'épargne ni son temps ni ses efforts. Vous en faut-il des exemples? Ils abondent. En 1819, il parvient à sauver de ses créanciers une victime de la Restauration; mais le geôlier de la prison pour dettes, intimidé par de coupables manœuvres, refuse de laisser sortir le débiteur libéré. Pensez-vous que Crémieux abandonne à la famille de son client le souci de sa délivrance? Il prend avec lui deux huissiers, court appréhender au nom de la loi violée le geôlier récalcitrant, l'enferme dans sa propre geôle, et lui arrache son prisonnier.— En 1832, après l'émeute du cloître Saint-Merri, un insurgé de vingt ans est frappé d'un arrêt de mort. Crémieux adresse à Louis-Philippe une supplique à la fois touchante et impérieuse, et « force le roi des barricades de Juillet de pardonner aux barricades de Juin ». — En 1840, les Juifs de Damas, stupidement accusés du meurtre d'un religieux chrétien, sont décimés par la torture. Crémieux quitte tout pour accourir en Orient; il brave la haine des fanatiques, il assiège Méhémet-Ali de ses réclamations et n'a de repos qu'il n'ait sauvé les martyrs. — Plus tard, la cause des Israélites opprimés le poussera de nouveau à de longs voyages, devant la fatigue desquels sa vieillesse ne reculera pas.

Mais la charité de Crémieux n'était pas réservée à une secte particulière. Crémieux ne s'enquérait pour donner ni des croyances ni des religions. Il accueillait tous les déshérités, soulageait toutes les misères,

> Et, frère aux malheureux, était père aux petits (1).

Lorsque le peuple de 1848 acclamait à son passage « *le bon papa Crémieux*, » la voix du peuple était bien, jusque dans le caractère familier de cet hommage, la voix de la vérité.

Si grande était cette bonté patriarcale qu'il faisait l'aumône non seulement de son argent, mais encore de son esprit. Tombée de sa plume généreuse, plus d'une lettre pleine de goût, de finesse... et d'orthographe, a secouru l'indigence d'une illustre tragédienne qui n'avait en propre que son génie.

Au Palais, la bonhomie, la cordialité de Crémieux lui attiraient l'affection. Il fallait le voir, entouré d'un auditoire de confrères, à la Bibliothèque ou dans la salle des Pas-Perdus! Il se plaisait à ces causeries intimes, inépuisable en récits, contant gaiement ses aventures, ses projets, ses affaires, avec un entrain communicatif et une mimique endiablée.

Et surtout, mes chers Confrères, Crémieux aimait la jeunesse. S'il rencontrait à la Barre quelque stagiaire débutant, il l'écoutait avec un bon sourire, l'encourageait du geste et du regard et, à la sortie de l'audience, trouvait toujours à lui dire une de ces paroles bienveillantes dont le souvenir est si cher.

(1) Victor Hugo.

C'est au milieu des siens que Crémieux était vraiment heureux. C'est là qu'il goûtait toutes les jouissances délicates du cœur et de l'esprit. Il adorait le théâtre et la musique. Les grands artistes trouvaient en lui un admirateur enthousiaste et un défenseur désintéressé. Il savait par cœur Virgile et Cicéron, il aimait à lire à ses enfants les plus belles pages de nos grands écrivains du XVIIe siècle. Classique dans l'âme, il comprenait aussi, cependant, cette merveilleuse poésie moderne qui offre à notre cœur les fortes émotions, à notre imagination les vastes perspectives. Si je puis me permettre un souvenir personnel, Messieurs, je ne me rappelle pas sans plaisir que c'est l'un près de l'autre, causant ensemble sur les bancs du Sénat, que j'ai aperçu, pour la première fois de ma vie, Victor Hugo et Crémieux, ces deux vieillards si différents d'aspect, l'un si imposant et si auguste, l'autre si simple et si vif !

Ainsi vieillissait Crémieux, entre les nobles travaux du Palais et les nobles loisirs de la vie de famille, quand sonna la dernière heure de l'Empire. Alors, la jeune république de 1870 appela à son aide l'ancien serviteur de son aînée de 1848.

J'arrive ici, Messieurs, à des événements trop récents et trop cruels pour qu'il me soit possible d'en retracer le tableau. D'ailleurs, si Crémieux s'est donné tout entier au service de la France, ce n'est pas lui qui a présidé à ses destinées. Mais il est un homme — un des nôtres, Messieurs — qui personnifie à lui seul cette époque de deuil, et il me sera permis de saluer cette grande mémoire. Aussi bien, il me semble qu'en vous rappelant Gambetta, je vous parle encore de Crémieux. N'est-ce pas Crémieux qui avait pressenti, dans le stagiaire de 1862, le grand orateur tribunitien, qui l'avait associé à ses travaux et qui se plaisait à diriger la fougue de cette parole impétueuse? N'est-ce pas Crémieux qui l'appelait à son côté, en 1868, dans ce grand procès qui fut comme le glas de l'Empire? Le lendemain, Gambetta était célèbre. Deux ans plus tard, son indomptable énergie sauvait notre honneur.

Des actes de Crémieux à cette époque, je ne veux, Messieurs, vous en rappeler que deux. L'un, il ne m'aurait pas permis de l'oublier : c'est le décret relatif aux Israélites d'Algérie par lequel il donne à la France épuisée 35,000 nouveaux citoyens. L'autre, il ne m'aurait pas permis de le proclamer : c'est la part qu'il prend à la libération de notre territoire. Quand la Patrie est vaincue, il l'aide de sa fortune comme il l'avait aidée de son activité, c'est-à-dire sans compter.

Après ces tristes jours, Messieurs, Crémieux ne revient plus au Barreau. Il ne cesse pas d'apporter à la République, dans les crises qu'elle traverse, le secours de son expérience ; mais l'heure du repos a sonné. Il quitte le Palais, il vit dans la retraite, dans le recueillement, au milieu de ses souvenirs, s'abandonnant en paix aux joies du foyer domestique. C'est ainsi qu'il passe ses dernières années aux côtés de celle qui fut la compagne inséparable et bénie de sa longue existence. Jamais bonheur conjugal ne fut plus complet ni plus touchant. On dirait, Messieurs, que l'impitoyable mort s'est prise de pitié pour ces vieux époux; elle leur a épargné la douleur de se survivre et à quelques jours d'intervalle, elle les a réunis dans le champ de l'éternel repos.

Telle fut, Messieurs, cette longue existence, si bien remplie. Elle peut nous fournir plus d'une leçon de dévouement, d'indépendance, de patriotisme; mais de tous les exemples qu'elle nous offre, il en est un qui s'impose particulièrement à notre attention. C'est l'exemple d'une âme toujours indulgente aux faiblesses, toujours secourable au malheur. — J'ai tâché de vous montrer en Crémieux le grand avocat, l'homme de cœur, le bon citoyen. Il s'est décerné lui-même le plus pur éloge et nous a donné le plus grand enseignement le jour où, devenu bien vieux, jetant un dernier regard sur son passé, il a pu dire, en toute franchise, aux amis qui l'entouraient :

« Je vous atteste, mes amis, qu'ayant traversé des « circonstances qui m'ont mis à bien des épreuves, « jamais une pensée de haine n'est entrée dans

« mon esprit. Je n'ai porté avec moi que des senti-
« ments de modération et de fraternelle tolérance.
« Je veux que le jour où l'on viendra me conduire à
« la tombe, on dise sur moi quelque chose, en me
« plaçant dans ma dernière demeure. Je veux qu'on
« dise : Il a été bon. »

Paris. — Alcan-Lévy, Imprimerie de l'Ordre des Avocats.

www.ingramcontent.com/pod-product-compliance
Ingram Content Group UK Ltd.
Pitfield, Milton Keynes, MK11 3LW, UK
UKHW021521260726
13993UKWH00004B/1803

9 782329 249322